Todos los libros de Linkgua Ediciones cuentan con modelos de Inteligencia Artificial entrenados por hispanistas. Pregúntale al chat de tu libro lo que desees acerca de la obra o su autor/a.

Para **ebooks**: Accede a nuestro modelo de IA a través de este enlace.

Para **libros impresos**: Escanea el código QR de la portada con tu dispositivo móvil.

Obtén análisis detallados de nuestros libros, resúmenes, respuestas a tus preguntas y accede a nuestras ediciones críticas generativas para una experiencia de lectura más enriquecedora.
La transparencia y el respeto hacia la autoría de las fuentes utilizadas son distintivos básicos de nuestro proyecto. Por ello, las respuestas ofrecen, mediante un sistema de citas, las fuentes con las que han sido elaboradas.

Autores varios

Constitución Española de 1845

Barcelona 2024
Linkgua-ediciones.com

Créditos

Título original: Constitución Española de 1845.

© 2024, Red ediciones S.L.

e-mail: info@Linkgua-ediciones.com

Diseño cubierta: Michel Mallard

ISBN rústica: 978-84-9953-747-4.
ISBN ebook: 978-84-9953-869-3.

Sumario

Brevísima presentación

La reina Isabel II de Borbón promulgó la Constitución Española de 1845 a los quince años de edad.

Estuvo vigente hasta la promulgación de la Constitución Española de 1869, de carácter definitivamente más liberal y moderno.

En el preámbulo se establece la soberanía compartida, entre la Reina y las Cortes. Isabel II obtiene la potestad de hacer las leyes en acuerdo con las Cortes. Así aumenta su poder. Se limita el derecho ciudadano al sufragio y el Senado, es enteramente nombrado por la reina.

A partir de entonces, el Congreso de los Diputados estaría integrado por los electores de mayores rentas del país, que eran ni el 1 % de la población.

Con respecto al gobierno de las Colonias, la Constitución Española de 1845 establece en su Artículo 80, que

Las provincias de Ultramar serán gobernadas por leyes especiales.

Se niega así el derecho directo a participar en las Cortes a los habitantes de Cuba, Puerto Rico y Filipinas. Esta limitación no es clara y dependerá, en adelante, de concesiones otorgadas por la reina cuando lo estime oportuno.

Constitución española de 1845

Doña Isabel II, por la gracia de Dios y la Constitución de la Monarquía Española, Reina de las Españas; a todos los que las presentes vieren y entendieren, sabed: Que siendo nuestra voluntad y la de las Cortes del Reino regularizar y poner en consonancia con las necesidades actuales del Estado los antiguos fueron y libertades de estos Reinos, y la intervención que sus Cortes han tenido en todos tiempos en los negocios graves de la Monarquía, modificando al efecto la Constitución promulgada en 18 de Junio de 1837, hemos venido, en unión y de acuerdo con las Cortes actualmente reunidas, en decretar y sancionar la siguiente

CONSTITUCIÓN DE LA MONARQUÍA ESPAÑOLA

Título primero. De los españoles

Artículo 1.º Son españoles:

1.º Todas las personas nacidas en los dominios de España.

2.º Los hijos de padre o madre españoles, aunque hayan nacido fuera de España.

3.º Los extranjeros que hayan obtenido carta de naturaleza.

4.º Los que sin ella hayan ganado vecindad en cualquier pueblo de la Monarquía.

La calidad de español se pierde por adquirir naturaleza en país extranjero, y por admitir empleo de otro Gobierno sin licencia del Rey.

Una ley determinará los derechos que deberán gozar los extranjeros que obtengan carta de naturaleza o hayan ganado vecindad.

Artículo 2.º Todos los españoles pueden imprimir y publicar libremente sus ideas sin previa censura, con sujeción a las leyes.

Artículo 3.º Todo español tiene derecho de dirigir peticiones por escrito a las Cortes y al Rey, como determinen las leyes.

Artículo 4.º Unos mismos Códigos regirán en toda la Monarquía.

Artículo 5.º Todos los españoles son admisibles a los empleos y cargos públicos, según su mérito y capacidad.

Artículo 6.º Todo español está obligado a defender la Patria con las armas cuando sea llamado por la ley y a contribuir en proporción de sus haberes para los gastos del Estado.

Artículo 7.º No puede ser detenido, ni preso, ni separado de su domicilio ningún español, ni allanada su casa sino en los casos y en la forma que las leyes prescriban.

Artículo 8.º Si la seguridad del Estado exigiere en circunstancias extraordinarias la suspensión temporal en toda la

Monarquía, o en parte de ella, de lo dispuesto en el artículo anterior, se determinará por una ley.

Artículo 9.° Ningún español puede ser procesado ni sentenciado sino por el Juez o Tribunal competente, en virtud de leyes anteriores al delito y en la forma que éstas prescriban.

Artículo 10. No se impondrá jamás la pena de confiscación de bienes, y ningún español será privado de su propiedad sino por causa justificada de utilidad común, previa la correspondiente indemnización.

Artículo 11. La Religión de la Nación española es la católica, apostólica, romana. El Estado se obliga a mantener el culto y sus ministros.

Título II. De las Cortes

Artículo 12. La potestad de hacer las leyes reside en las Cortes con el Rey.

Artículo 13. Las Cortes se componen de dos Cuerpos Colegisladores, iguales en facultades: el Senado y el Congreso de los Diputados.

Título III. Del Senado

Artículo 14. El número de Senadores es ilimitado: su nombramiento pertenece al Rey.

Artículo 15. Sólo podrán ser nombrados Senadores los españoles que, además de tener treinta años cumplidos, pertenezcan a las clases siguientes:

Presidentes de alguno de los Cuerpos Colegisladores.
Senadores o Diputados admitidos tres veces en las Cortes.
Ministros de la Corona.
Consejeros de Estado.
Arzobispos.
Obispos.
Grandes de España.
Capitanes generales del Ejército y Armada.
Tenientes generales del Ejército y Armada.
Embajadores.
Ministros plenipotenciarios.
Presidentes de Tribunales Supremos.
Ministros y Fiscales de los mismos.

Los comprendidos en las categorías anteriores deberán además disfrutar 30.000 reales de renta procedente de bienes propios o de sueldos de los empleos que no puedan perderse sino por causa legalmente probada, o de jubilación, retiro o cesantía.

Títulos de Castilla que disfruten 60.000 reales de renta.

Los que paguen con un año de antelación 8.000 reales de contribuciones directas, hayan sido Senadores o Diputados a Cortes, o Diputados provinciales, o Alcaldes en pueblos de 30.000 almas, o Presidentes de Juntas o Tribunales de Comercio.

Las condiciones necesarias para ser nombrado Senador podrán variarse por una ley.

Artículo 16. El nombramiento de los Senadores se hará por decretos especiales, y en ellos se expresará el título en que, conforme al artículo anterior, se funde el nombramiento.

Artículo 17. El cargo de Senador es vitalicio.

Artículo 18. Los hijos del Rey y del heredero inmediato de la Corona son Senadores a la edad de veinticinco años.

Artículo 19. Además de las facultades legislativas corresponde al Senado:

1.º Juzgar a los Ministros cuando fueren acusados por el Congreso de los Diputados.

2.º Conocer de los delitos graves contra la persona o dignidad del Rey, o contra la seguridad del Estado, conforme a lo que establezcan las leyes.

3.º Juzgar a los individuos de su seno en los casos y en la forma que determinaran las leyes.

Título IV. Del Congreso de los Diputados

Artículo 20. El Congreso de los Diputados se compondrá de los que nombren las Juntas electorales en la forma que determine la ley. Se nombrará un Diputado, a lo menos, por cada 50.000 almas de la población.

Artículo 21. Los Diputados se elegirán por el método directo, y podrán ser reelegidos indefinidamente.

Artículo 22. Para ser Diputado se requiere ser español, del estado seglar, haber cumplido veinticinco años, disfrutar la renta procedente de bienes raíces o pagar por contribuciones directas la cantidad que la ley Electoral exija, y tener las demás circunstancias que en la misma ley se prefijen.

Artículo 23. Todo español que tenga esas calidades puede ser nombrado Diputado por cualquier provincia.

Artículo 24. Los Diputados serán elegidos por cinco años.

Artículo 25. Los Diputados que admitan del Gobierno o de la Casa Real pensión, empleo que no sea de escala en su respectiva carrera, comisión con sueldo, honores o condecoraciones, quedan sujetos a reelección. La disposición anterior no comprende a los Diputados que fueren nombrados Ministros de la Corona.

Título V. De la celebración y facultades de las Cortes

Artículo 26. Las Cortes se reúnen todos los años. Corresponde al Rey convocarlas, suspender y cerrar sus sesiones, y disolver el Congreso de los Diputados; pero con la obligación, en este último caso, de convocar otras Cortes y reunirlas dentro de tres meses.

Artículo 27. Las Cortes serán precisamente convocadas luego que vacare la Corona, o cuando el Rey se imposibilitare de cualquier modo para el gobierno.

Artículo 28. Cada uno de los Cuerpos Colegisladores forma el respectivo Reglamento para su gobierno interior, y examina las calidades de los individuos que le componen; el Congreso decide, además, sobre la legalidad de las elecciones de los Diputados.

Artículo 29. El Congreso de los Diputados nombra su Presidente, Vicepresidentes y Secretarios.

Artículo 30. El Rey nombra para cada legislatura, de entre los mismos Senadores, el Presidente y Vicepresidentes del Senado, y éste elige sus Secretarios.

Artículo 31. El Rey abre y cierra las Cortes, en persona o por medio de los Ministros.

Artículo 32. No podrá estar reunido uno de los dos Cuerpos Colegisladores sin que también lo esté el otro; exceptuase el caso en que el Senado ejerza funciones judiciales.

Artículo 33. Los Cuerpos Colegisladores no pueden deliberar juntos ni en presencia del Rey.

Artículo 34. Las Sesiones del Senado y del Congreso serán públicas, y sólo en los casos en que exijan reserva podrá celebrarse sesión secreta.

Artículo 35. El Rey, y cada uno de los Cuerpos Colegisladores, tienen la iniciativa de las leyes.

Artículo 36. Las leyes sobre contribuciones y crédito público se presentarán primero al Congreso de los Diputados.

Artículo 37. Las resoluciones en cada uno de los Cuerpos Colegisladores se toman a pluralidad absoluta de votos; pero para votar las leyes se requiere la presencia de la mitad más uno del número total de los individuos que le componen.

Artículo 38. Si uno de los Cuerpos Colegisladores desechare algún proyecto de ley, o le negare el Rey la sanción, no podrá volverse a proponer un proyecto de ley sobre el mismo objeto en aquella legislatura.

Artículo 39. Además de la potestad legislativa que ejercen las Cortes con el Rey, les pertenecen las facultades siguientes:

1.ª Recibir al Rey, al sucesor inmediato de la Corona y a la Regencia o Regente del Reino el juramento de guardar la Constitución y las leyes.

2.ª Elegir Regente o Regencia del Reino y nombrar tutor al Rey menor cuando lo previene la Constitución.

3.ª Hacer efectiva la responsabilidad de los Ministros, los cuales serán acusados por el Congreso y juzgados por el Senado.

Artículo 40. Los Senadores y los Diputados son inviolables por sus opiniones y votos en el ejercicio de su encargo.

Artículo 41. Los Senadores no podrán ser procesados ni arrestados sin previa resolución del Senado sino cuando sean hallados in fraganti, o cuando no esté reunido el Senado; pero en todo caso se dará cuenta a este Cuerpo lo más pronto posible para que determine lo que corresponda. Tampoco podrán los Diputados ser procesados ni arrestados durante las sesiones sin permiso del Congreso, a no ser hallados in fraganti; pero en este caso y en el de ser procesados o arrestados cuando estuvieran cerradas las Cortes, se dará cuenta lo más pronto posible al Congreso para su conocimiento y resolución.

Título VI. Del Rey

Artículo 42. La Persona del Rey es sagrada e inviolable, y no está sujeta a responsabilidad. Son responsables los Ministros.

Artículo 43. La potestad de hacer ejecutar las leyes reside en el Rey, y su autoridad se extiende a todo cuanto conduce a la conservación del orden público en lo interior, y a la seguridad del Estado en lo exterior, conforme a la Constitución y a las leyes.

Artículo 44. El Rey sanciona y promulga las leyes.

Artículo 45. Además de las prerrogativas que la Constitución señala al Rey, le corresponde:

1.º Expedir los decretos, reglamentos e instrucciones que sean conducentes para la ejecución de las leyes.

2.º Cuidar de que todo en el Reino se administre pronta y cumplidamente la justicia.

3.º Indultar a los delincuentes con arreglo a las leyes.

4.º Declarar la guerra y hacer y ratificar la paz, dando después cuenta documentada a las Cortes.

5.º Disponer de la fuerza armada, distribuyéndola como más convenga.

6.º Dirigir las relaciones diplomáticas y comerciales con las demás Potencias.

7.º Cuidar de la fabricación de la moneda, en la que se pondrá su busto y su nombre.

8.º Decretar la inversión de los fondos destinados a cada uno de los ramos de la administración pública.

9.º Nombrar todos los empleados públicos y conocer honores y distinciones de todas clases, con arreglo a las leyes.

10. Nombrar y separar libremente los Ministros.

Artículo 46. El Rey necesita estar autorizado por una ley especial:

1.º Para enajenar, ceder o permutar cualquier parte del territorio español.

2.º Para admitir tropas extranjeras en el Reino.

3.º Para rectificar los tratados de alianza ofensiva, los especiales de comercio y los que estipulen dar subsidios a alguna Potencia extranjera.

4.º Para abdicar la Corona en su inmediato sucesor.

Artículo 47. El Rey, antes de contraer matrimonio, lo pondrá en conocimiento de las Cortes, a cuya aprobación se someterán las estipulaciones y contratos matrimoniales que deban ser objeto de una ley.

Lo mismo se observará respecto del matrimonio del inmediato sucesor a la Corona. Ni el Rey ni el inmediato sucesor pueden contraer matrimonio con persona que por ley esté excluida de la sucesión a la Corona.

Artículo 48. La dotación del Rey y de su Familia se fijará por las Cortes al principio de cada reinado.

Título VII. De la sucesión a la Corona

Artículo 49. La Reina legítima de las Españas es Doña Isabel II de Borbón.

Artículo 50. La sucesión en el Trono de las Españas será según el orden regular de primogenitura y representación, prefiriendo siempre la línea anterior a las posteriores; en la misma línea, el grado más próximo al más remoto; en el mismo grado, el varón a la hembra, y en el mismo sexo, la persona de más edad a la de menos.

Artículo 51. Extinguidas las líneas de los descendientes legítimos de Doña Isabel II de Borbón, sucederán por el orden que queda establecido su hermana y los tíos hermanos de su padre, así varones como hembras, y sus legítimos descendientes, si no estuviesen excluidos.

Artículo 52. Si llegaren a extinguirse todas las líneas que se señalan, se harán por una ley nuevos llamamientos, como más convenga a la Nación.

Artículo 53. Cualquier duda de hecho o de derecho que ocurra en orden a la sucesión de la Corona se resolverá por una ley.

Artículo 54. Las personas que sean incapaces para gobernar, o hayan hecho cosa por que merezcan perder el derecho a la Corona, serán excluidas de la sucesión de una ley.

Artículo 55. Cuando reine una hembra, su marido no tendrá parte ninguna en el gobierno del Reino.

Título VIII. De la menor edad del Rey, y de la Regencia

Artículo 56. El Rey es menor de edad hasta cumplir catorce años.

Artículo 57. Cuando el Rey fuere menor de edad, el padre o la madre del Rey, y en su defecto el pariente más próximo a suceder en la Corona, según el orden establecido en la Constitución, entrará, desde luego, a ejercer la Regencia, y la ejercerá todo el tiempo de la menor edad del Rey.

Artículo 58. Para que el pariente más próximo ejerza la Regencia, necesita ser español, tener veinte años cumplidos, y no estar excluido de la sucesión de la Corona. El padre o la madre del Rey sólo podrán ejercer la Regencia permaneciendo viudos.

Artículo 59. El Regente prestará ante las Cortes el juramento de ser fiel al Rey menor y de guardar la Constitución y las leyes.

Si las Cortes no estuvieren reunidas, el Regente las convocará inmediatamente, y entre tanto prestará el mismo juramento ante el Consejo de Ministros, prometiendo reiterarle ante las Cortes tan luego como se hallen congregadas.

Artículo 60. Si no hubiere ninguna persona a quien corresponda de derecho la Regencia, la nombrarán las Cortes, y se compondrá de una, tres o cinco personas.

Hasta que se haga este nombramiento gobernará provisionalmente el Reino el Consejo de Ministros.

Artículo 61. Cuando el Rey se imposibilitare para ejercer su autoridad, y la imposibilidad fuere reconocida por las Cortes, ejercerá la Regencia durante el impedimento el hijo primogénito del Rey, y a falta de éste, los llamados a la Regencia.

Artículo 62. El Regente, y la Regencia en su caso, ejercerá toda la autoridad del Rey, en cuyo nombre se publicarán los actos del Gobierno.

Artículo 63. Será tutor del Rey menor la persona que en su testamento hubiere nombrado el Rey difunto, siempre que sea español de nacimiento; si no lo hubiese nombrado, será tutor el padre o la madre mientras permanezcan viudos. En su defecto, le nombrarán las Cortes, pero no podrán estar reunidos los encargos de Regente y de tutor sino en el padre o la madre de éste.

Título IX. De los ministros

Artículo 64. Todo lo que el Rey mandare o dispusiere en el ejercicio de su autoridad, deberá ser firmado por el Ministro a quien corresponda, y ningún funcionario público dará cumplimiento a lo que carezca de este requisito.

Artículo 65. Los Ministros pueden ser Senadores o Diputados y tomar parte en las discusiones de ambos Cuerpos Colegisladores; pero sólo tendrán voto en aquel a que pertenezcan.

Título X. De la administración de justicia

Artículo 66. A los Tribunales y Juzgados pertenece exclusivamente la potestad de aplicar las leyes en los juicios civiles y criminales; sin que puedan ejercer otras funciones que las de juzgar y hacer que se ejecute lo juzgado.

Artículo 67. Las leyes determinarán los Tribunales y Juzgados que ha de haber, la organización de cada uno, sus facultades, el modo de ejercer y las calidades que han de tener sus individuos.

Artículo 68. Los juicios en materias criminales serán públicos, en la forma que determinen las leyes.

Artículo 69. Ningún magistrado o juez podrá ser depuesto de su destino, temporal o perpetuo, sino por sentencia ejecutoriada; ni suspendido sino por auto judicial, o en virtud de orden del Rey, cuando éste, con motivos fundados, le mande juzgar por el Tribunal competente.

Artículo 70. Los jueces son responsables personalmente de toda infracción de ley que cometan.

Artículo 71. La justicia se administra en nombre del Rey.

Título XI. De las Diputaciones provinciales y de los Ayuntamientos

Artículo 72. En cada provincia habrá una Diputación provincial, elegida en la forma que determine la ley y compuesta del número de individuos que ésta señale.

Artículo 73. Habrá en los pueblos Alcaldes y Ayuntamientos. Los Ayuntamientos serán nombrados por los vecinos a quienes la ley confiera este derecho.

Artículo 74. La ley determinará la organización y atribuciones de las Diputaciones y de los Ayuntamientos, y la intervención que hayan de tener en ambas Corporaciones los delegados del Gobierno.

Título XII. De las contribuciones

Artículo 75. Todos los años presentará el Gobierno a las Cortes el presupuesto general de los gastos del Estado para el año siguiente y el plan de las contribuciones y medios para llenarlos, como asimismo las cuentas de la recaudación e inversión de los caudales públicos para su examen y aprobación.

Artículo 76. No podrá imponerse ni cobrarse ninguna contribución ni arbitrio que no esté autorizado por la ley de Presupuestos u otra especial.

Artículo 77. Igual autorización se necesita para disponer de las propiedades del Estado y para tomar caudales a préstamo sobre el crédito de la Nación.

Artículo 78. La Deuda pública está bajo la salvaguardia especial de la Nación.

Título XIII. De la fuerza militar

Artículo 79. Las Cortes fijarán, todos los años, a propuesta del Rey, la fuerza militar permanente de mar y tierra.

Artículo adicional

Artículo 80. Las provincias de Ultramar serán gobernadas por leyes especiales.

Por tanto, mandamos a todos nuestros súbditos de cualquiera clase y condición que sean, que hayan y guarden la presente Constitución como ley fundamental de la Monarquía; y mandamos asimismo a todos los Tribunales, Justicias, Jefes, Gobernadores y demás Autoridades, así civiles como militares y eclesiásticas, de cualquier clase y dignidad, que guarden y hagan guardar, cumplir y ejecutar la expresada Constitución en todas sus partes.

En Palacio a 23 de Mayo de 1845. —YO LA REINA. —El Presidente del Consejo de Ministros, Ministro de la Guerra, Ramón María Narváez. —El Ministro de Estado, Francisco Martínez de la Rosa. —El Ministro de Gracia y Justicia, Luis Mayans. —El Ministro de Hacienda, Alejandro Mon. —El Ministro de Marina, Comercio y Gobernación de Ultramar, Francisco Armero. —El Ministro de la Gobernación de la Península, Pedro José Pidal.[1]

Discutida y votada por las Cortes Constituyentes de 1854-56 la Constitución que generalmente es designada con esta última fecha, aunque en realidad debiera serlo con la de 1855, puesto que su aprobación terminó en 14 de Diciembre de dicho año, y sin haber llegado a promulgarse, se dictó el Real decreto de 15 de Septiembre de 1856 restableciendo esta

1   Esta Constitución fue reformada de nuevo por la ley de 17 de Julio de 1857, que se inserta a continuación del Acta Adicional.

Constitución de 1845, modificada por el Acta Adicional que se inserta a continuación de la misma, y que había de guardarse y cumplirse como parte integrante de ella, entre tanto que las Cortes resolvieran lo conveniente.

Acta adicional a la Constitución de la Monarquía española[2]

Artículo 1.º La calificación de los delitos de imprenta corresponde a los Jurados, salvas las excepciones que determinen las leyes.

Artículo 2.º Promulgada la ley de que trata el art. 8.º de la Constitución, el territorio a que aquélla se aplique se regirá, durante la suspensión de lo prescrito en el artículo 7.º de la misma Constitución, por la ley de orden público establecida de antemano. Pero ni en una ni en otra ley se podrá autorizar al Gobierno para extrañar del Reino a los españoles, ni para deportarlos ni desterrarlos fuera de la Península.

Artículo 3.º La primera creación de Senadores no podrá exceder de 140. Hecha ésta, sólo podrá el Rey nombrar Senadores cuando estén abiertas las Cortes.

Artículo 4.º La ley electoral de Diputados a Cortes determinará si éstos han de acreditar o no el pago de contribución o la posesión de renta.

Artículo 5.º Aun cuando sea de escala el empleo que admita el Diputado a Cortes, quedará éste sujeto a reelección.

Artículo 6.º Durante cada año estarán reunidas las Cortes a lo menos cuatro meses, contados desde el día en que se constituya definitivamente el Congreso.

---

2   La vigencia de esta Acta adicional fue tan breve que se dejó sin efecto por otro Real decreto de 14 de Octubre del mismo año 1856, disponiendo que sólo rigiera y se observase la ley constitucional de la Monarquía promulgada en unión y de acuerdo con las Cortes en 23 de Mayo de 1845.

Artículo 7.º Cuando entre los dos Cuerpos Colegisladores no haya conformidad acerca de la ley anual de presupuestos, regirá en el año correspondiente la ley de presupuestos del año anterior.

Artículo 8.º Sin previa autorización del Congreso no se podrá dictar sentencia contra los Diputados a quienes se refiere el art. 41 de la Constitución.

Artículo 9.º Además de los casos enumerados en el artículo 46 de la Constitución, el Rey necesitará estar autorizado por una ley especial:

1.º Para conceder indultos generales y amnistías.

2.º Para enajenar en todo o en parte el patrimonio de la Corona.

Artículo 10. También necesitará el Rey estar autorizado por una ley especial para contraer matrimonio y para permitir que le contraigan los que sean súbditos suyos y estén llamados por la Constitución a sucederle en la Corona.

Artículo 11. Habrá un Consejo de Estado, al cual oirá el Rey en los casos que determinen las leyes. Esta Constitución fue reformada de nuevo por la ley de 17 de Julio de 1857, que se inserta a continuación del Acta Adicional.

Artículo 12. La ley orgánica de Tribunales determinará los casos y la forma en que gubernativa o disciplinariamente podrá el Rey trasladar, jubilar y declarar cesantes a los magistrados y jueces.

Artículo 13. El Rey sólo podrá nombrar alcaldes en los pueblos que tengan 40.000 almas, y en los demás ejercerá en los nombramientos de los alcaldes la intervención que determine la ley.

Artículo 14. Las listas electorales para Diputados a Cortes serán permanentes. Las calidades de los electores se examinarán en todas las instancias en juicio público y contradictorio.

Artículo 15. Dentro de los ocho días siguientes a la apertura de las Cortes, el Gobierno presentará al Congreso las cuentas del penúltimo año y el presupuesto para el año próximo venidero.

Artículo 16. Las Cortes deliberarán sobre la ley a que se refiere el artículo 79 de la Constitución, antes de deliberar sobre la ley de Presupuestos.

Dado en Palacio a 15 de Septiembre de 1856. —Está rubricado de la Real mano. —El Presidente del Consejo de Ministros, Leopoldo O'Donnell.

Ley de 17 de julio de 1857³

Reformando de nuevo la Constitución de 1845.

Doña Isabel II, por la gracia de Dios, etc.; a todos los que las presentes vieren y entendieren, sabed: Que las Cortes han decretado y Nos sancionado la siguiente reforma de los artículos 14, 15, 16, 17, 18 y 28 de la Constitución.

Artículo 14. El Senado se compondrá:

De los hijos del Rey y del sucesor inmediato de la Corona, que hayan cumplido veinticinco años.

De los Arzobispos y del Patriarca de las Indias.

De los Presidentes de los Tribunales Supremos de Justicia y de Guerra y Marina.

De los Capitanes generales del Ejército y Armada.

---

3 Esta ley fue derogada por otra de 20 de Abril de 1864, cuyo artículo único restablecía en su integridad la Constitución del Estado y contenía además la siguiente:
Disposición transitoria. —Serán admitidos como Senadores los Grandes de España por derecho propio que no sean súbditos de otra potencia y que a la promulgación de esta ley posean la renta de 200.000 reales, procedentes de bienes inmuebles o de derechos que gocen de la misma consideración con tal que lo pidan en el término de un año.
En la misma forma y solicitándolo dentro del mismo plazo, tendrán derecho a ser admitidos como Senadores los Grandes que no hayan cumplido la edad de treinta años; pero deberán probar después de cumplirla y antes de tomar asiento en el Senado, que conservan todas las cualidades anteriormente expresadas.

De los Grandes de España por derecho propio, que no sean súbditos de otra potencia y que acrediten tener la renta de 200.000 reales, procedentes de bienes inmuebles o de derechos que gocen de la misma consideración legal.

De un número limitado de Senadores nombrados por el Rey.

Artículo 15. Sólo podrán ser nombrados Senadores los españoles que pertenezcan o hayan pertenecido a las clases siguientes: Presidente del Congreso de los Diputados; Diputados admitidos cuatro veces en las Cortes y que hayan ejercido la diputación durante ocho años; Ministros de la Corona; Obispos; Grandes de España; Tenientes generales del Ejército y Armada, después de dos años de nombramiento; Embajadores, después de dos años de servicio efectivo, y Ministros plenipotenciarios, después de cuatro; Vicepresidentes del Consejo Real; Ministros y Fiscales de los Tribunales Supremos y Consejeros reales, después de dos años de ejercicio.

Los comprendidos en las categorías anteriores deberán, además, disfrutar 30.000 reales de renta, procedentes de bienes propios o de sueldos de los empleos que no puedan perderse sino por causa legalmente probada, o de jubilación, retiro o cesantía. Títulos de Castilla que disfruten 100.000 reales de renta. Los que paguen con cuatro años de antelación 20.000 reales de contribuciones directas y hayan sido además Senadores, o Diputados o Diputados Provinciales.

El nombramiento de Senadores se hará por decretos especiales, y en ellos se expresará siempre el título en que, conforme a lo dispuesto en este artículo, se funde el nombramiento.

Las condiciones necesarias para ser nombrado Senador podrán variarse por una ley.

Artículo 16. Para tomar asiento en el Senado se necesita ser español, tener treinta años cumplidos, no estar procesado criminalmente ni inhabilitado en el ejercicio de sus derechos políticos, y no tener sus bienes intervenidos.

Artículo 17. La dignidad de Senador en los Grandes de España que acrediten tener la renta y requisitos expresados en el art. 14, es hereditaria. En todos los demás casos es vitalicia.

Artículo 18. A fin de perpetuar la dignidad de Senador en sus familias, los Grandes de España podrán constituir vinculaciones sobre sus bienes en la forma y en la cantidad que se determinará por una ley especial.

Artículo 28. Cada uno de los Cuerpos Colegisladores examina las calidades de los individuos que le componen; el Congreso decide además sobre la legalidad de las elecciones de los Diputados.

Los Reglamentos del Senado y del Congreso serán objeto de una ley.

Por tanto, mandamos, etc. Dado en Palacio a 17 de Julio de 1857.

Libros a la carta

A la carta es un servicio especializado para
empresas,
librerías,
bibliotecas,
editoriales
y centros de enseñanza;
y permite confeccionar libros que, por su formato y concepción, sirven a los propósitos más específicos de estas instituciones.

Las empresas nos encargan ediciones personalizadas para marketing editorial o para regalos institucionales. Y los interesados solicitan, a título personal, ediciones antiguas, o no disponibles en el mercado; y las acompañan con notas y comentarios críticos.

Las ediciones tienen como apoyo un libro de estilo con todo tipo de referencias sobre los criterios de tratamiento tipográfico aplicados a nuestros libros que puede ser consultado en Linkgua-ediciones.com.

Linkgua edita por encargo diferentes versiones de una misma obra con distintos tratamientos ortotipográficos (actualizaciones de carácter divulgativo de un clásico, o versiones estrictamente fieles a la edición original de referencia).

Este servicio de ediciones a la carta le permitirá, si usted se dedica a la enseñanza, tener una forma de hacer pública su interpretación de un texto y, sobre una versión digitalizada «base», usted podrá introducir interpretaciones del texto fuente. Es un tópico que los profesores denuncien en clase los desmanes de una edición, o vayan comentando errores de interpretación de un texto y esta es una solución útil a esa necesidad del mundo académico.

Asimismo publicamos de manera sistemática, en un mismo catálogo, tesis doctorales y actas de congresos académicos, que son distribuidas a través de nuestra Web.

El servicio de «libros a la carta» funciona de dos formas.

1. Tenemos un fondo de libros digitalizados que usted puede personalizar en tiradas de al menos cinco ejemplares. Estas personalizaciones pueden ser de todo tipo: añadir notas de clase para uso de un grupo de estudiantes, introducir logos corporativos para uso con fines de marketing empresarial, etc. etc.

2. Buscamos libros descatalogados de otras editoriales y los reeditamos en tiradas cortas a petición de un cliente.

www.ingramcontent.com/pod-product-compliance
Lightning Source LLC
Chambersburg PA
CBHW020445030426
42337CB00014B/1405